Anonymous

Martin Wiehrl, Professor der Philosophie zu Baden,

gerechtfertigt gegen F. Anton Zimmerman, Professor der Philosophie zu

Heidelberg

Anonymous

Martin Wiehrl, Professor der Philosophie zu Baden,
gerechtfertigt gegen F. Anton Zimmerman, Professor der Philosophie zu Heidelberg

ISBN/EAN: 9783337384395

Printed in Europe, USA, Canada, Australia, Japan

Cover: Foto ©ninafisch / pixelio.de

More available books at **www.hansebooks.com**

Martin Wiehrl

Profeſſor der Philoſophie zu Baden

Gerechtfertigt

gegen

F. Anton Zimmerman

Profeſſor der Philoſophie zu Heidelberg

von einem

ungelehrten Landprieſter.

1781.

Verehrungswürdig ist es, mit dem Geiste der Wahrheit für die Reinigkeit der Religionslehren wachen; gefährliche Irrthümer eifrig bekämpfen! — Aber nichts ist der christlichen Liebe mehr zuwider, nichts entehrt die Menschheit mehr, als eine gewisse Freude am verkezern. Der du Splitter in den Augen deiner Brüder aufsuchest, und den Balken in deinem Auge nicht siehest, vergiß nie, daß der Heyland selbst von den Pharisäern verkezert wurde.

Betracht. über das Universum

Vorbericht

Was immer auf hohen Schulen gedacht, gemeynt, gelehrt, gegutachtet, und geschrieben werden mag, das kümmert freylich unser einen sehr wenig, (denn mich interessiren alle Universitäten so wenig, als der Schnee auf den Alpen) wenn es auch noch so sinn= loß wäre, und allen gesunden Menschen=Verstand (welches denn, leider, gar oft der Fall ist) empörte; aber —

Wenn

4

Wenn dergleichen Schreibereyen dahin gerichtet sind, unserer Brüder einen zu mißhandeln, seine Orthodoxie verdächtig zu machen, und so den unseligen Verfolgungsdämon gegen ihn aufzuweken; dann wird es jeden rechtschaffenen Mannes Pflicht, die Sache näher zu untersuchen, und genau durchzudenken.

Findet er dann bey dieser Untersuchung die Beschuldigungen übereilt und ungegründet; findet er das mit voller Ueberzeugung; dann ist es seine Pflicht mit dem Propheten zu sagen: Ich will die Wahrheit verkündigen und mir meinen Mund nicht verschließen lassen; sieh Herr, das weißt du; dann ist es Pflicht, seine Stimme zur Rettung der Wahrheit, und zur Vertheidigung des Bruders gegen den Verläumder zu erheben.

Sieh, lieber Leser! dieses ist der Entstehungsgrund dieser kleinen Schrift. — — Herr Zimmerman,

Lehrer

Lehrer der Philosophie zu Heidelberg hat sich's einfallen laſſen, die zu Heidelberg und Strasburg herausgebrachte theologiſche Gutachten mit philoſophiſchen Gründen (dafür will ers wenigſtens ausgeben) zu unterſtüzen, und die bey uns ſchon ſo berüchtigte moraliſche Lehrſäze auch mit ſeinem Stempel zu brandmarken.

Die Säze, auf die H. J. in ſeiner (wie er glaubt) philoſophiſchen Rüſtung (andere haltens für Rüſtung des Unverſtands) losſtürmt, ſind:

1. Selbſtliebe iſt der einzige urſprüngliche Grundtrieb des Menſchen.

2. Aus vernünftigen Begriffen von Gott erhellet, daß Ehrfurcht, Liebe, Dankbarkeit und Vertrauen auf Gott, die unmittelbarſten Folgen der Selbſtliebe ſind.

Dem

Dem Leſer, der über Sich, Naturordnung, und Religion, nicht von heute erſt, nachdenken gelernet hat, zu zeigen, daß alles, was H. J. gegen dieſe Säze ſchwäzt, nichts ſey, als Unſinn eines aufgebläheten ſich Philoſoph wähnenden D . . . s, eines vernunft= und liebloſen Kezermachers — das iſt der Zwek dieſer Schrift.

I.

I.

Ehe ich zur Sache selbste schreite, finde ich nöthig, einige kurze Bemerkungen voraus zu senden, damit der Leser in den Stand gesezt werde, sie aus dem rechten Gesichtspunkte und im gehörigen Lichte zu betrachten.

Also wer die Gegner des Systems der Selbstliebe mit unbefangenem, von schon genommener Parthey noch nicht geblendetem Auge, und mit etwas Kopf gelesen hat, der wird gefunden haben;

Daß a) sie beynahe alle dasselbe übel verstehen; beynahe alle den Unterschied zwischen Selbstliebe, Selbstsucht und Eigennuz vergessen.

Daß b) sie sich gar sehr vor den Folgen des Systems der Selbstliebe fürchten; ein Gespenst, das aber blos idealisch, und nirgends als in ihrem Hirn existiret;

Daß c) sie glauben, die Vertheidiger der Selbstliebe entehrten die Menschheit, und sie also die Rettung ihrer Ehre, durch das System der allgemeinen Wohlgewogenheit, wie sie's zu nennen belieben, sich als ein besonderes Verdienst um dieselbe zurechnen.

Daß d) doch einige von ihnen so billigen Herzens und so scharfsinnigen Geistes sind, einzusehen, und auch

B 4   frey

frey zu gestehen, daß alle die schlimmen Folgen, welche schiefe Consequenzmacher aus dem System der Selbstliebe heraus zu pressen sich bemühen, lauter Phantomen seyen;

Daß e) diese nur glauben, man könne die Sympathie nicht in die Selbstliebe auflösen, ohne der leztern einige Gewalt anzuthan; es sey daher bequemer, und es ließen sich alle moralische Phänomene besser und leichter erklären, wenn man die Sympathie als Mitgrundtrieb annehme, daß Jeder. seit dem man unter dem Monde über Selbstliebe und Sympathie gedacht und geschrieben hat, daß das System der Selbstliebe vielleicht noch von keinem Menschen-Verstand mehr mißverstanden, und ganz gewiß von keinem schiefer und mit seichtern Gründen bestritten worden ist, als von unserm Verfasser, daß also, wenn es den guten Herrn Wiehrl nicht gälte, und — das ganze Schriftchen keines Federzugs werth wäre.

Leser! glaube meinen Worten nicht; aber merke auf das, was folgen wird, auf alles! und wenn ich dir die Nichtigkeit der Zimmermännischen Schächelchen nicht bis zum Anschauen herlege, dann sag, ich sey ein Lügner. (aber freylich durch Fröschengequäk und durch die Stimme gewisser in Löwenhäute versteckter Geschöpfe, läßt sich der Mann, der seines sichern Ganges gewiß ist, nicht irre machen;) Nun also zur Sache. Schritt vor Schritt, in der nämlichen Ordnung oder Unordnung des Verfassers.

II.

II.

Um die Wiehrlifche Affaire auf eine ſchikliche Art in ſeine praktiſche Philoſophie (er ſchreibt nämlich Diſſertationenweiſe eine Philoſophia practica methódo prælectionibus publicis accommodata, wenigſtens heiſt der Titel des Werkchens ſo: wenn aber, in allen Himmelskörpern zuſammen genommen, Ein Lehrer der praktiſchen Philoſophie exiſtiret, der das Ding den öffentlichen Vorleſungen anbequem findet — doch was geht uns das an, was man zu Heidelberg bequem findet!) hinein zubringen; macht H.Z. auf der 94 S. zum 47. §. eine Anmerkung, in der er ſich von ſeinen Leſern ausbittet, ſobrie verſtanden zu werden, da er von der Selbſtliebe Meldung gethan habe. Er unterſcheidet alsdann die Selbſtliebe von der Eigenliebe und dem Eigennuze, und beruft ſich dabey auf H. Feders Unterſuchungen über den menſchlichen Willen 1. B. 1. A. 3. K. 14. §. — das gehört nun noch nicht zu unſerer Sache; aber jetzt kömmt er näher.

„ Der angeführte §. ſagt er auf der 95. S. verdient
„ genau geleſen zu werden; denn daraus wird ſehr vieles
„ verſchwinden, was einige Neuere aus ſeinen (Feders)
„ Räſonnements, weil ſie dieſelbe nicht verſtanden, oder
„ auf den Zuſammenhang der Wahrheiten, die er hin und
„ wieder vorgetragen hat, nicht acht halten, bisweilen
„ heraus

herauß zu bringen glauben, und der gelehrten Welt als
Geburten eigener Gelehrsamkeit aufdringen.

Aus dem Zusammenhange mit dem folgenden erhellet
es, daß diese Stelle H. Wichrl gelten soll; allein wie über
sie angebracht sey, wird sich auch bald aufklären. Wer aber
die übrigen recentiores sind, hat H. Z. weislich in petto
behalten. Ich bemerke bey dieser Stelle nur das: daß es
sich in der Folge zeigen werde, daß diese Stelle auf Niemand in der Welt besser passe, als auf H. Z. selbst.

„ Wahrlich, heißt es weiter a. a. O., wenn man die
„ lezten Worte des angeführten H. nur mit flüchtigem Auge
„ durchläuft, so erhellet ganz anschaulich das Gegentheil
„ von dem, was man ihm (Federn) gemeinlich zu-
„ schreibt. “ Dennoch, sind die Worte H. Feders, ist
man noch nicht berechtiget, die Selbstliebe für den
alleinigen Grundtrieb des menschlichen Willens, oder
auch nur aller freyen und überlegten Handlungen
anzugeben.

Richtig: wir wissen also, sehen nämlich aus diesen
Worten ganz deutlich, was H. Feder über die Lehre von
den Grundtrieben denke; er glaubt, man sey noch nicht
berechtiget, u. s. w.

Aber hätte doch H. Z. für gut gefunden uns einige Leute zu nennen, welche die Unverschämtheit dahin getrieben
hat,

hat. H. Federn eine andere Meynung anzudichten! Die
Zurechtweisung würde auch mehr Nachdruk gehabt haben,
wenn er die Frevler vor's Publikum hingestellt hätte. Al=
lein er hat nun einmal seine Freude daran, dergleichen Din=
ge in seinem — wollte Gott, auch sonst so — geheimniß=
vollen petto zu behalten. — Der Unfug muß auch.
schon sehr überhand genommen haben, indem der H. Verfasser
schreibt: quod vulgo illi adscribitur. — Die Deutung ist übri=
gens wieder auf H. Wiehrl: aber —

Wann hat denn doch dieser gute Mann gesagt, oder
nur zu verstehen gegeben, daß sein Saz: die Selbstliebe
ist der einzige ursprüngliche Grundtrieb des Menschen,
die Lehre H. Feders sey? —

Nun bringt er eine Stelle aus Feders Lehrbuch der
praktischen Philosophie : Ich seze sie her: „ Wie vieles
„ in den menschlichen Gesinnungen und Handlungen von der
„ Selbstliebe herrühre, pflegt eine der streitigsten Fragen in
„ der praktischen Philosophie zu seyn. Um dieselbe richtig zu
„ beurtheilen, wird es nicht undienlich seyn, genauer zu
„ bemerken, in welchen Fällen man, zufolge des angegebe=
„ nen Begriffs, sagen könne, daß die Selbstliebe wirke.

Dieß kan also gesagt werden:

„ I. Wenn die Vorstellung unsers Nuzens oder un=
„ sers Schadens uns bewegt, beyde seyen von welcher Art
„ sie wollen.

„ 2.

„ 2. Wenn die Empfindung der Vorstellung des Ange-
„ nehmen oder Unangenehmen uns bestimmt.

„ 3. Ueberhaupt wissen wir, daß etwas bisweilen
„ mittelbarer Weise und nach entferntem, oft verborge-
„ nem, aber doch reellem Zusammenhange, die Ursache
„ von dem andern ist. Wenn ein solcher Zusammenhang
„ auch bey den Regungen des menschlichen Herzens,
‚, den Begierden und Handlungen des Menschen statt fin-
„ det, so kann auch die Selbstliebe mittelbarer weise u ib
„ auf eine verborgene Art manches wirken.

Der Leser wird freylich nicht einsehen, wie H. Z. das
zu gekommen sey, diese lange Stelle hier in sein Werk-
chen abzuschreiben, indem keine Sylbe darinnen ist, die
er zu seinem Zwek brauchen könnte; da H. Feder weiter
nichts sagt, als: es sey eine der streitigsten Fragen,
wie vieles in menschlichen Handlungen von der
Selbstliebe herrühre, und dann einige Fälle bestimmt,
in welchen man sagen könne, daß die Selbstliebe wirke. Ich gestehe dirs, lieber Leser! ich begreif es auch
nicht; aber errinnere dich: wie viele Erscheinungen gibt
es nicht in der moralischen Welt, deren hinreichenden
Vernunftgrund wir nicht anzugeben wissen. Indem muß
ich dich auch hier noch ganz besonders warnen, dich an
solche Kleinigkeiten in dem zimmermännischen Schriftchen nicht zu stoßen. — Wir wollen also hier nur das
eine

eine noch bemerken: wie schön nämlich ein Vertheidiger der Selbstliebe die angeführte Federsche Stelle zu seinem Zwecke benutzen könne. Er könnte ungefähr so räsonniren:

Nach H. Feder N. 2. wirkt die Selbstliebe alsdann, wann die Empfindung oder Vorstellung des Angenehmen oder Unangenehmen uns bestimmt; die Gegner der Selbstliebe sind aber nicht im Stande, eine einzige menschliche Handlung beyzubringen, ja, es ist eine solche gar nicht einmal denkbar, zu der der Handelnde nicht durch Empfindung oder Vorstellung des Angenehmen oder Unangenehmen bestimmt worden sey: folglich ist die Selbstliebe der Grundtrieb aller menschlichen Handlungen. Und diese Schlußfolge wird für richtig gehalten werden müssen, so lange uns diese Herren keine solche Handlung anführen, oder wenigstens begreiflich machen können.

Auch könnte er noch einen anderweitigen Beweis oder vielmehr eine Bestättigung des vorigen aus H. Feders angeführtem N. 3. für sich führen. — Doch wir dürfen uns, um nicht weitläuftiger zu werden, als es die Sache verdient, bey den Präliminarien nicht so lange verweilen.

Nun folgt wieder S. 96. eine Stelle aus Feders Untersuchungen über den menschlichen Willen, die nicht nur
Zeugniß

Zeugniß geben, daß H. Feder nebst der Selbſtliebe noch
andere Grundtriebe annehme, wie H. Z. S. 98. L. c. uns
aufbinden will; ſondern auch beweiſen ſoll, daß dieſe Lehre
die richtige ſey, und daß die geſunde Vernunft uns ge-
biete , H. Federn hierin beyzuſtimmen. — Allein —

Auſſer dem, daß in der ganzen Stelle kein Wort vor-
kömmt, woraus ſich abnehmen ließe, daß H. Feder noch
alios ſtimulos fundamentales behaupte; wird ſich auch
durch das, was er hier gegen die Selbſtliebe als einzigen
urſprünglichen Grundtrieb beybringt, kein Kenner des
menſchlichen Herzens irre machen laſſen; denn es liegt in
ſeinen Worten gar keine Beweiskraft dagegen; ja, es iſt
nicht einmal glaublich, daß H. Feder ſie in der Abſicht nie-
dergeſchrieben habe, um das Syſtem der Selbſtliebe dadurch umzuſtürzen: denn H. Feder iſt ſcharfſichtig genug,
es einzuſehen, daß dieſes Syſtem mit der Wahrheit ſeiner
Behauptung noch gar wohl beſtehen könne. Hier iſt die
Stelle: „ die Unterſcheidung der Sympathie, und der dar-
„ aus entſpringenden Urtriebe von den Empfindungen
„ und Trieben der Selbſtliebe, ſcheint einigen ungründlich
„ und überflüſſig zu ſeyn. Wir können ja nichts anders
„ empfinden, als Veränderungen unſers Zuſtands.
„ Selbſtgefühle ſind alſo alle unſere Gefühle; und alle da-
„ durch erwekte, und auf Veränderungen abzielende Be-
„ ſtrebungen des Willens, ſind Bemühungen, Verände-
„ rungen in uns ſelbſt hervorzubringen, unſern eigenen Zu-
„ ſtand

„ ftand zu verbeffern; allein obgleich alle unfere Wahrneh=
„ mungen und Gefühle zunächft aus Veränderungen unfe=
„ rer felbft entfpringen: fo kann doch nicht gefagt werden,
„ daß wir felbft allemal der Gegenftand unferer Erkänt=
„ niffe, unfers Wollens, und unferer wirkfamen Triebe
„ find. Wenn ich ein Kind am Feuer oder Waffer finken
„ fehe: fo denke ich nicht an mich, weiß nichts von
„ mir, will nicht mir helfen, fondern dem Kinde,
„ bin auffer mir mit meinem Wiffen, Wollen und
„ Wirken. Dies ift gemeine, auf richtiges Gefühl fich
„ gründende Sprache. „

Es ift ganz richtig, und durch alle Erfahrung be=
ftätigt, daß wir nicht allemal der unmittelbare Gegen=
ftand unferer Erkenntniffe, unfers Wollens, u. f. w. find:
Allein folgt denn daraus, daß diefes Wollen nicht auß
der Selbftliebe entfpringe? Werden wir nicht auch in
diefen Fällen durch die Empfindung oder Vorftellung
des Angenehmen oder Unangenehmen beftimmt? Und
wirkt alfo nicht auch in diefen Fällen, felbft nach Feder=
fchen Grundfäzen, die Selbftliebe? Ein Vater beftrebt
fich, das Glük feines Sohns zu machen; der unmittelba=
re Gegenftand diefer Beftrebungen ift freylich der Sohn,
und diefe Beftrebungen entfpringen unmittelbar aus der
Liebe gegen den Sohn; die Liebe aber gegen den Sohn ent=
fpringt, aus der Selbftliebe des Vaters. — Ein Vater
fchmeichelt dem Lehrer feines Sohns: der Gegenftand die=

                                                    fer

fer. Schmeicheley ist der Lehrer, die nächste Quelle die Liebe gegen den Sohn, die erste Quelle die Selbstliebe des Vaters. Denn so unbekannt wird doch keinem Philosophen das menschliche Herz seyn, daß er nicht wisse, daß die Liebe gegen die Kinder sich in der Selbstliebe der Eltern gründe.

Lieber Leser! es ist hier noch um weiter nichts zu thun, als einzusehen, daß aus dem Federschen Saze: wir sind nicht allemal der (unmittelbare) Gegenstand unserer Handlungen, der Schluß: folglich entspringen unsere Handlungen nicht allemal aus der Selbstliebe; folglich muß man noch einen andern ursprünglichen Grundtrieb gelten lassen, sich nicht ziehen lasse, wie H. Z. nach seiner Logik glaubt. — Was das Beyspiel von dem ins Wasser sinkenden Kind betrift, davon werden wir unten reden.

Nun die aus H. Feder zusammen gestoppelte Lappen ein Ende haben — macht sich H. Z. daran, uns zu zeigen, was sich aus denselben ergebe. Wir wollen Kürze halber nur eins auszeichnen: S. 98. heißt es, „Sie (die Selbst-
„liebe) ist also der Trieb der meisten, ja aller jener
„Handlungen, die auf unsere Glückseligkeit einigen
„Bezug haben (quæ quandam ad felicitatem relatio-
„nem habent) und obgleich bisweilen andere abge-
„leitete Triebe der Grund davon zu seyn scheinen;
„so lösen sich diese doch am Ende in jene auf. "

Urs.

Urtheile, Leſer, wenn einer aus dieſen Worten den Vernunftſchluß machte: Nach dem Eingeſtändniße des H. Prof. iſt die Selbſtliebe der Trieb aller jener Handlungen, die einigen Bezug auf unſere Glükſeligkeit haben; es giebt aber keine Handluug, kan keine geben, die auf unſere Glükſeligkeit keinen Bezug hätte; denn jede Handlung des Menſchen ſtimmt entweder mit ſeinem Weſen, ſeinen Eigenſchaften, und ſeiner Beſtimmung überein, und hat folglich gute, oder ſtimmt damit nicht überein, und hat folglich böſe Folgen auf ſeine Glückſeligkeit, und kan alſo keine Handlung, in Beziehung auf dieſelbe, ganz gleichgültig ſeyn; folglich iſt die Selbſtliebe nach des H. Z. eigenem Saze, der Trieb aller menſchlichen Handlungen, folglich der alleinige urſprüngliche Grundtrieb, wenn, ſage ich, einer dieſen Vernunftſchluß machte, was könnte wohl H. Z. mit Grunde dagegen ſagen? Sollte er vielleicht mit den geſelligen Pflichten herankommen? Allein jeder Denker, jeder, der ſeine Begriffe nicht geträumet, nicht aus philoſophaſtriſchen Luftgebäuden Korſarenmäßig, ohne Einſicht, Känntniß und Wahl zuſammengekapert, ſondern aus der Natur der Dinge geſchöpft hat, weiß es, daß der Menſch allemal ſich ſelbſt vervollkommet, ſeine eigene Glükſeligkeit befördert, wenn er das Vergnügen, und die Glükſeligkeit anderer befördert, und daß ebendieſes, anderer Glükſeligkeit befördert zu haben, der höchſt mögliche Grad des Vergnügens, und folglich die Pflicht

B   dazu

dazu in der Selbstliebe gegründet sey. Welches denn
auch H. Z. unter andern aus des **Joh Aug. Eber-**
hardts Sittenlehre der Vernunft S. S. 14. 44. und
46. hätte lernen können; aus ebendem Eberhardt,
auf den er so groß thut, und durch den wir ihn unten
noch herrlich zurecht weisen werden.

III.

Endlich hat das Exordium ein Ende, und H. Z. ist
nun da, wo er gern hin wollte.

Miror igitur, heißt es S. 98. theses Badenæ a Phi-
los. Prof. M. Wiehrl luci publicæ datas, und S. 99.
nochmal, miror, und gleich darauf, & quis non miretur, und einige Zeilen weiter unten abermal: quis non
miretur. Der gute Mann! wenn er sich nur nicht zu
Tode verwundert! Bey diesen ausserordentlichen Verwunderungen, wird bey dem philosophischen Leser freylich
nichts natürlicher seyn, als die Erinnerung an den rich-
tigen Erfahrungssaz, daß man sich nicht verwundert,
als über Dinge, die einem unbekannt waren, oder die
man nicht versteht; aber ich hoffe es von ihrer Nach-
sicht und Bescheidenheit, daß sie die Anwendung davon
auf unsern theuren Mann nicht machen, oder wenigstens,
falls sie sich derselben nicht erwehren können, doch nicht
lax

laut sagen: denn wahrlich er könnte ergrimmen, und ih‑
nen es eben sowohl unter die Nase sagen, (daß ihre An‑
wendung aperte contra sanam philosophiam & ratio‑
nem pugnans sey, als er es S. 98. von den Wiehr‑
lischen Lehrsäzen sagte: und denn hätten sie's, wären vor
der ganzen Welt prostituirt, behüte Gott! „ Und wer
„ solte a. a .O. sich nicht (über diese Lehrsäze) verwundern, der
„ es weiß, daß der Verfasser derselben in einer Schule
„ erzogen worden ist, deren jezige Lehrer wenigstens dem
„ Feder in der praktischen Philosophie keinen gleich hal‑
„ ten? (So eine Frage kan freylich nur ein Z. aufwerfen)
„ deren einer sogar in einer Abhandlung: Selbstliebe
„ und Sympathie, den Hauptsaz des Verfassers von Grund
„ aus umgestossen hat"? Es kan seyn, daß solches dem
H. Z. so scheint, und wer wolte ihm das übel deuten?
kan er dafür, daß sein Auge so siehet? muß es aber
deßwegen dem H. Wiehrl so scheinen? Es ist wahr,
in der angeführten Abhandlung ist viel gutes, aber sie
ist nichts weniger als Umsturz des Systems der Selbst‑
liebe. Der Verfasser davon zeigt vielmehr, daß er es
nicht richtig genug verstanden habe; oder genauer: auf
ein paar Stellen stößt man in den genannten Blättern,
aus denen man zu sehen glaubt, der Verfasser habe das
System ganz inne; aber im übrigen vergißt er sich wie‑
der ganz, und man kan ohne Widerwillen nicht fortle‑
sen, besonders die schiefe Anwendung der angebrachten
Beyspiele. Mir ists also sehr begreiflich, daß H. Wiehrl

B 2   ungeachtet

ungeachtet dieser Schrift, die Selbstliebe für den einzigen Grundtrieb des Menschen hält.

Uebrigens muß ich hier bekennen, daß ich das Zimmermännische Latein: funditus convulsum ibat & erudite convulsit, nicht verstehe.

„Wer solte sich nicht verwundern, daß H. Wiehrl „seinen Schülern den Feder vorgelesen, und es doch „über sein Herz habe bringen können, diese Säze zu „schreiben"? Ich solte bald glauben, der gute Mann wolte die ganze Welt in seine Verwunderungen hineinziehen, so kreischt er sich ab mit seinem quis non miretur. Dauerst mich, guter Mann! Bitte, quäle dich nicht so! schwächst deine Lunge gar sehr, und wirst doch am Ende nicht viel mirantes zusammen kriegen, und das würde dich dann doch, wenn du dir die Lunge wund geschrien hättest, nicht wenig verdrüssen; denn sieh', alle die Leute, die es wissen, daß Meister Wiehrl auf Meister Feder nicht geschworen, das heißt, kein juramentum abgelegt hat, alles fest und steif und blind zu glauben, was Meister Feder glaubt, werden sich zu deiner Parthey unmöglich schlagen können, und das wissen, glaube mir's, gar viele, viele, viele Leute. — „Soll „ich glauben, die von mir angeführte H. H. seyen ihm „unbekannt gewesen, ihm als Professor". O nein! lieber Mann, es ist gar nicht einmal nöthig, das zu glauben,

ben,

ßen; denn jene können dem H. Wiehrl bekannt gewesen
seyn, und er doch für gut gefunden haben, diese und nicht
andere Säze zu schreiben; „ der den Feder öffentlich vor-
„ liest? Da sey Gott vor, daß ich jemals einem Profes-
„ sor solch ein Unbild anthun sollte “. Man sehe doch,
was der Mann für ein zartes Gewissen hat! auch nur zu
glauben, einem Professor seyen einige §. §. entwischt, hält
er für Unbild und Sünde! — Ich muß hier, um redlich
zu handeln, diejenigen meiner Leser, die sich an dem theuern Manne bey dieser Stelle erbauet haben möchten, warnen, nicht weiter fortzulesen; denn es ist sehr zu fürchten,
es möchten, wenn wir unten an die Stellen kommen werden,
wo er dem H. Wiehrl seine Rechtglaubigkeit verdächtig zu
machen sucht, alle die guten Eindrücke wieder verschwinden.
Denn das könnte freylich manchem ein starker
Kontrast scheinen, sich aus einem Nichts ein Gewissen
machen, und dann jede noch so lieblose Handlung mit
Gleichgültigkeit verüben; ein Widerspruch, der diesen oder
jenen in Erstaunen sezen könnte! — Allein wer nur ein
paar Blike in die Welt gethan hat, den kan so was nicht
mehr befremden. — Zudem vertheidigt ja H. Z. die Sache
Gottes! — Ob ihn Gott dazu gedungen habe? Das zwar
nicht! Aber eben das ist auch ein evidenter Beweiß, daß es
von ihm nicht aus Eigennuzen, nicht aus Eigenliebe, ja,
ich hätte beynahe Lust zu behaupten, nicht einmal aus
Selbstliebe geschehen sey. — Ich habe zwar in meinem
Leben noch keine Ve theidigung der Religion, oder der so-

genannten

genannten Sache Gottes gelesen, der ich nicht in jeder
Zeile, mit dem ersten Blike, den Eigennuz oder die Selbstsucht, oder wenigstens die Selbstliebe des Verfassers angesehen hätte; aber bey dem Zimmermännischen Werk-
chen, muß ich gestehen, ist's mir hart aufgegangen, auch
nur das lezte so halb und halb herauszubringen. —

„ Denn es ist zu vermuthen, und zwar sehr stark, daß
„ er das Lehramt nicht tumultuarisch angetreten, und sein
„ Lehrbuch nicht ohne Ueberlegung gewählt, sondern dasselbe vorher genau und fleißig durchstudiert habe " —

Sehr wahr! aber das Magistergesicht hätte ich sehen
mögen, mit dem H. Z. dieses niedergeschrieben haben
muß. — Uebrigens könnt' ich aber dem theuren Manne,
wenn es zur Sache gehörte, ein gar artiges Exempel-
chen erzählen, wie vor noch nicht gar langer Zeit
zu * * * ein gewisser quidam auf eine ganz entgegengesezte
Weiße sein Lehramt angetreten habe. „ Hat er vielleicht
„ durch Authoritäten unterstüzt, (können es denn nicht
innere Gründe gewesen seyn, die ihn dazu vermocht haben?) „ dem Verfasser des Lehrbuchs lieber widersprechen
„ wolln? Und durch welche Authoritäten? Eines Zeno
„ Epicur. Spinoza, Hobbes? Hat er aus diesen schwarz-
„ gelben, S. 100. eines christlichen katholischen Geistlichen
„ ganz unwürdigen Quellen geschöpft " ?

Bey Gott! das ist ein Argumentchen, das unsers theu=
ern Mannes ganz würdig ist! — Der Leser wird es ohne
mein Erinnern wissen, daß es auch in der gelehrten Repu=
blik jene Stufenleiter gebe, von dem im Staube kriechen=
den Insecte an, bis zum Himmel ansteigenden Adler;
Zwerge, und Riesen. Und wenn er in der Geschichte die=
ser Republik nicht ganz Frembling ist, so wird er bemerkt
haben, daß von ihrem Entstehen an, bis auf unsere Tage,
nur das Insektengeschmeis dergleichen Sächelchen zu Mark=
te gebracht habe; weil es von jeher, wie jezt noch, aus
eigener Kraft nichts vermochte.

Aus lauter Sympathie, oder wenigstens aus Liebe für
das System der Sympathie, sucht der Mann den guten
H. Wiehrl durch Hobbes, Spinoza und Epikur gehäs=
sig und verdächtig zu machen. Was hat denn doch H. Z.
für Gründe zu vermuthen, daß H. Wiehrl seine Säze aus
diesen Quellen geschöpft habe? — Zudem, weiß denn Fran-
ciscus Antonius Zimmermann, Serenissimi ac Poten-
tissimi Principis Electoris Palatini titularis Presbyter,
Philosophiæ Doctor, Logices, Metaphysices ac Ethi-
ces in alma & antiquissima Heidelberg. Universitate
Professor p. ord. nicht? daß hier nur dieß die Frage sey:
Ob die Wiehrlische Säze wahr seyen; und nicht: Aus
welcher Quelle sie seyen? Weiß er nicht, daß es Chri-
stiano, Catholico Clerico Professore indignum sey, sei=
nen Bruder, durch dergleichen ganz grundlose Beschuldi=
gungen und Anschwärzungen, dem Hasse und der Verfol=

gung des gelehrten Pöbels blos zu stellen? Daß man übrigens aus einem Zeno, Hobbes ꝛc. mehr Wahrheit schöpfen
könne, als aus manchem Duzend unserer Orthodoxen Fo-
lianten? Das zu wissen, wollen wir ihm nicht zumuthen.

H. Wiehrl hatte gar nicht nöthig, seine Säze (von der
Selbstliebe) aus irgend einem Buche zu schöpfen; er konn-
te sie gerade zu aus dem menschlichen Herzen, aus richti-
gen Beobachtungen desselben abziehen; und so gieng er am
sichersten, und vermied alle die krummen Umwege, die
schon so manche Menschenseele irre geführt haben. Er konn-
te, und kan noch, mit dem aufgeklärten, gut Katholischen
Professor Bernhard Grant zu Erfurt sagen: Folgerungen
die unmittelbar aus Erfahrungen fließen, sind
wahr, sie mögen Meynungen gegen sich haben, wie
und von wem sie wollen.

Natur und Offenbarung sind die einzigen Bücher, die
etwas taugen, und wer diese studiert, erlangt in einem
Jahre mehr Weisheit, als alle Folianten-Quartanten-Oc-
tanten Leser und Schreiber, in einem Jahrhunderte. O
daß ich es nicht eher erkannt habe !!! —

Was die aus dem Epikur angeführte Stelle betrift,
vid. Bruder Gerundio per totum.

IV.

IV.

S. 10. „ Fürs erste ist es grundfalsch, daß alle Hand-
„ lungen des Menschen aus der Selbstliebe entspringen;
„ diß beweiset 1) das von H. Feder angeführte Beyspiel
(von dem ins Wasser fallenden Kinde) aufs kräftig-
ste. “

Im Ernste? — Der scharfsinnige Mann! Daß doch
H. Feder seinem Beyspiele diese entscheidende Beweiskraft
nicht angesehen hat! Hätte er doch H. Z. zu Rathe ge-
zogen, er würde gewiß nicht so unschlüßig zur Entscheidung
gewesen seyn, nicht so schüchtern gefragt haben: ist also
Sympathie zur Selbstliebe zu rechnen. — „ Wenn
„ ich, sagt H. Feder, ein Kind am Feuer oder Wasser
„ sinken sehe, so denke ich nicht an mich, will nicht mir
„ selbsten, sondern dem Kinde helfen, bin ausser mir, mit
„ meinem Wollen und Wirken. Ist also Sympathie zur
„ Selbstliebe zu rechnen “? Man sieht freylich hieraus,
daß H. Feder geneigt ist, die Sympathie als einen Mitgrundtrieb anzunehmen. Man sieht aber auch zugleich, wenn
man gesunde Augen hat, daß H. Feder sich nicht getraut
zu entscheiden. Und wirklich ist auch das Beyspiel nichts
weniger als entscheidend.

Es ist wahr, der Fall, wo ein Mensch, ganz ausser
sich, nur mit der Rettung des Kindes beschäftigt ist, läßt
sich

fich denken: allein folgt denn daraus schon, daß dieses wirklich ausser sich seyn, diese ganz auf die Rettung des
Kindes gerichtete Beschäftigung, nicht aus der Selbstliebe entsprungen sey? — Und das ist es doch, was bewiesen werden müste, wenn das Beyspiel gegen den alleinigen Grundtrieb etwas beweisen sollte. Mir scheint es
ganz leicht, diese Erscheinung allein aus der Selbstliebe,
ohne Beyhülfe eines neuen Grundtriebs zu erklären,
und so lange mir dieses so leicht, und niemand im
Stande ist, mir zu beweisen, daß sich das Phänomen des
gegenwärtigen Falls nicht ganz natürlich so erklären lasse;
so lange sage ich mit dem ganz philosophischen Geiste J.
Aug. Eberhardt: Wenn Ein Urtrieb zureicht, von allen
noch so verschieden scheinenden Phänomenen befriedi-
genden Grund anzugeben; so würde es sehr unphilo-
sophisch seyn, zu der Vervielfältigung der Urtriebe seine Zuflucht zu nehmen, mit der man sich in der Kind-
heit der Philosophie muste zu behelfen suchen.

So denke, so sage ich mit allen den Männern, die nur
Einen Grundtrieb erkennen; und eben so denkt H. Wiehrl. —
Wer nun nicht unpartheyische Einsicht genug in sein eigenes und anderer Menschen Herz hat, um alle Aeusserun-
gen der menschlichen Kräfte auf diesen einzigen Punkt zu-
rückzubringen, der nehme unsertwegen zween, und wenn
diese noch nicht hinreichen, drey, vier, fünfe, sechse u.
f. w. an, bis er genug hat; nur erzeige er uns, das bitten
wir

wir ihn, aus seinem System des allgemeinen Wohlwollens, soviel, uns wegen diesem Nichts nicht in die Kezerrolle einzureihen. Doch hievon unten etwas mehreres.

„ Auch wird der Federsche Beweiß, durch die argutias
„ des Coßius und anderer Vertheidiger der Selbstliebe,
„ nicht entkräftet; “

H. Z. hat nicht für gut gefunden, diese argutias anzuführen, welches doch nöthig gewesen wäre, um den Leser in den Stand zu sezen, zu urtheilen, ob's denn auch wirklich nichts, als argutiæ seyen? Es scheint, der Mann habe sich eingebildet, man solte ihm's so gutherzig auf sein Doktorwort glauben. Allein das möchte doch manchem nicht ganz behagen; und diesen zu gefallen will ich die, von dem Recensenten, in des Coßius neuester philosophischen Litteratur, gegen H. Feders Beweiß, gemachte Einwendungen hersezen. „ Wenn nun aber, sagt der Recensent, die
„ undeutliche Vorstellung von Pflicht, oder die zu erwar-
„ tende Vorwürfe des Gewissens, im Fall man einem
„ Unschuldigen nicht zu Hülfe gekommen wäre, oder das
„ vergnügte Andenken an eine solche That, einem das
„ Leben gerettet zu haben, (welches lezte doch immer
„ das Resultat seyn wird) auf eine undeutliche Art mit-
„ wirken, welches alles ehedem lebhaft von uns gedacht
„ kan gewesen seyn, nur jezo seine Macht in der Ausfüh-
„ rung beweißt, wo wegen der Gefahr nur die That,
„ und

„ und nicht die Beweggründe gedacht werden? Wer
„ wolte da die Würkung der Selbstliebe ausschliesen? und
„ wenn es auch nur wäre, das Mitleid von sich zu entfer-
„ nen ". — Lieber Leser, sind das argutiæ? sonst
nichts? — Ich solte meynen, das könne nur der sagen,
der's nicht versteht. Hätte doch H. Z. nicht so gar hoch
darauf herabgesehen, und gewürdiget, es auch uns
begreiflich zu machen, daß solch ein Räsonnement weiter
nichts, als argutiæ sey! Doch er hat sich's vielleicht zu
seiner teutschen Abhandlung gegen die Wiehrlischen Sätze,
mit der er das Publikum bedrohet, vorbehalten. Und deßwegen wollen wir denn auch biß dahin kein Wort mehr dafür oder dawider sagen, sondern es lediglich dem Urtheile
des sachkundigen Lesers überlassen. Nur das will ich noch
bemerken, daß H. Feder selbst in den oftbelobten Untersuchungen sage, daß der Mensch nur aus Liebe zum
Vergnügen und zur Glükseligkeit handle, und daß hierin-
nen die Selbstliebe enthalten sey, die nichts anders sey,
als ein Bestreben nach eigener Wohlfart.

Ist dieses nun richtig, ist die Selbstliebe das Bestreben
nach eigener Wohlfart, und strebt der Mensch in allen seinen Handlungen (wie H. Feder zugiebt) nach seinem
Vergnügen, seiner Glükseligkeit, seiner Wohlfart; so ist
die richtige Folge, daß der Mensch allenfal aus dem Triebe der Selbstliebe handle; daß mithin die Selbstliebe der
einzige Grundtrieb des Menschen sey.

„ Dieses beweisen 2) sagt H. J. die Beyspiele jener
„ Männer, die ihrer ganz vergessen, sich und ihren Nu-
„ zen hintangesezet haben, um Gott desto vollkommener,
„ und dem Nächsten desto eifriger dienen zu können ".

Armer Philosoph! — Ist er schon wieder vergessen,
der Unterschied zwischen Selbstliebe, und Eigennuz? —
Was haben diese Männer hintangesezt? — Zeitliche, äus-
sere Scheinvortheile, leibliche Scheingüter. — Und warum? Um Güter höherer, besserer, edlerer Art zu genies-
sen, und in diesem Genusse, durch den blendenden Schim-
mer jener, nicht gehindert zu werden; kurz aus Liebe zu
ihrem Vergnügen, zu ihrer wahren Glükseligkeit, von
welcher sie nach ihrer erleuchtetern Erkenntniß einsahen,
daß sie in jenen Blendwerken nicht bestehen könne. Ihre,
durch richtige Vernunft erheiterte Selbstliebe gab es ihnen
ein, daß die Vergnügen, die aus jenen sinnlichen Gütern
entspringen, nur scheinbare, nicht wahre, nur vorüber-
gehende, nicht daurende Vergnügen seyen; und daß folglich diese, von jedem mit dem Strale der Gottheit erleuchte-
ten Geschöpfe, aus wohlgeordneter Selbstliebe, jenen vorge-
zogen werden müssen. Sie wußten, daß, um mit dem er-
habenen Dalberg zu reden „ die Liebe zu Gott die rein-
„ ste Wollust, deren eine Menschenseele fähig ist,
„ und die einzige sey, die in dem menschlichen Her-
„ zen nichts leeres zurüklaße; die einzige, die das Be-
„ dürfniß menschlicher Glükseligkeit in ihrem ganzen Um-
„ fange ausfüllt. Edel und werthvoll, dachten sie, ist
„ das

„ das Gefühl der Freundschaft; aber der Freund ist sterb-
„ lich, ist oft von uns entfernt.   Gott ist allenthalben
„ bey uns, ist ewig. Die Liebe zu Gott ist also der einzige
„ Ruhepunkt,   der die menschliche Glükseligkeit einschrän-
„ ket.   Der Mensch dürstet unaufhörlich nach Glükselig-
„ keit, und Liebe zu Gott ist die einzige unerschöpfliche
„ Quelle, die seinen Durst ewig in vollem Masse sättigen
„ kan."   Sieh, so dachten jene Männer, und weil sie
so dachten, darum sezten sie alles Irrdische hintan, um
Gott desto vollkommener lieben zu können. Sie wußten
ferner, daß für uns ohnmächtige Menschen, eines der sichersten Mittel, glüklich zu werden, sey, sich anderer Glük
angelegen seyn zu lassen, und daß das Gegentheil unglüklich mache: und weil sie das wußten, darum dienten
sie ihrem Mitmenschen so eifrig. — Hat jemals einer
in der Welt, von Anbeginn, von dem ersten Tage, bis
auf den heutigen, zeitliche Güter, aus einer andern Ursache
verlassen, als weil er den Weg, den ihm die Verachtung
dieser Güter zur Seligkeit, zur Vollkommenheit zeigt, für
sicherer hielt? als weil er sich durch diese Verachtung glüklicher glaubte, als er bey dem Besize aller Erdengüter nicht
seyn würde? Hat je einer sein Leben für's Vaterland aus
anderm Grunde geopfert, als weil er den Gedanken: das
Vaterland durch seinen Tod gerettet zu haben, für die
höchste Stufe des Glüks hielt, dessen Sterbliche empfäng-
lich wären? folglich aus Selbstliebe? — Ja, das
ganze Erdenrund, seitdem es aus dem Chaos hervorgegan-
gen,

gen, kan nicht eine That aufweisen, die nicht aus der Selbstliebe entsprungen wäre. Oder man zeige uns dergleis-
chen eine, nur eine!!! Aus Selbstliebe entleibte sich
Cleopatra, entleibte sich Kato; Selbstliebe war es,
die Cäsarn auf den Thron schwang, und eben sie, die
ihn ermordete; Selbstliebe, die einem Alexander die
Erde zu eng, und eben sie, die einem Diogenes die Ton-
ne geräumig genug machte. Aus Selbstliebe handelten
die Zierden der Menschheit, die Timoleonen, wie die
Scheusale der Natur, die Dionysen. Selbstliebe redete
aus den Sokraten, wie aus den Epikuren und Hob-
besen; trieb den Stoiker, wie den Sybariten. Selbstliebe schmiegt jenen um den Thron, und eben sie schließt
diesen in die Mönchenzelle. Aus Selbstliebe handelt der Vater des Vaterlands, wie der Menschenwürger; der mit-
leidige Retter, wie der grausame Dränger. Selbstliebe
bekleidet einen Kodrus mit dem Kittel, und führt ihn
ins feindliche Lager, und Selbstliebe macht den Mieths-
könig fliehen, um sein Leben auch auf Kosten des Vaterlands zu retten. Selbstliebe endlich schnaubte Wuth
aus Neronen, Diokletianen, Domitianen u. s. w. und
eben sie lächelte Sanftmuth und Liebe, trozte Ernst und
entschloffenen Muth aus den tausendmal tausend Mär-
tyrern. Freylich sehr verschiedene Erscheinungen! die
aber alle ihren zureichenden Grund in der eben so ver-
schiedenen Richtung und Modifikation der Selbstliebe haben.

O werfet alle die Schreibereyen der elenden Sy-
menschmiede weg, entfaltet euch euer Herz, und leset
da! So würde ich jedem Menschen mit der ganzen
Kraft meiner Stimme zurufen, wenn ich nicht wüßte, was
alles dazu erfordert werde, nicht wüßte, wie gar zu wahr
es sey, was der erleuchtete Herr von Dalberg schreibt:
Der Mensch ist zu sehr Selbstlügner, um ein treuer
Selbstforscher, Selbstbeobachter seyn zu können.

Unserm theuern Z. zu Liebe muß ich hier noch einiges
aus H. Eberhardts Sittenlehre der Vernunft, die er,
wie wir unten sehen werden, so erbärmlich gemißbraucht
hat, hersezen, damit der gute Mann in Zukunft die Schriftsteller doch erst durchlesen und verstehen lerne, ehe er sie
abschreibt. Im 12. §. sagt H. Eberhardt „Ein vorzüg-
„licher Zweig dieser Empfindungen (aus denen die Ver-
„gnügen des Herzens entspringen) ist das Sympathe-
„tische Gefühl, oder die lebhafte Vorstellung des Wohls
„und Leidens eines andern“. Ein vorzüglicher Zweig?
also kein eigener Grundtrieb? — So lehrt Eberhardt.
Im 14. §. bestimmet H. Eberhardt die Grade des Vergnügens und sagt:„ Der niedrigste Grad des Vergnügens
„ ist die Empfindung der physischen Vollkommenheit; der
„ zweyte die Empfindung der Vollkommenheit, woran wir
„ die freye Ursache sind; der dritte, die Empfindung der
„ Vollkommenheit in andern, hervorgebracht durch unsere
„ Vollkommenheit; der vierte, die Empfindung der Voll-
„ kommenheit

„ kommenheit in andern, die wir als freye Ursache her-
„ vorgebracht haben ".

Und nun sezt er in der Anmerkung zum a. §. hinzu : „ Aus dieser Entwiklung der Quellen des Vergnü-
„ gens läßt sich schon abnehmen, daß der höchste Grad
„ desselben in den Handlungen der Wohlthätigkeit genoß-
„ sen werde ". Die Anwendung dieser Eberhardtischen
Lehre wird folgen.

S. 102. „ daß aber dieses (daß nemlich vor unsern
Handlungen allezeit eine deutliche, oder wenigstens undeutliche Vorstellung unsers Vergnügens, oder unserer
„ Glükseligkeit vorhergehe) gegen alle Erfahrung sey, wer
„ sieht das nicht mit mir ein '? Dergleichen Leute, die
das mit unserm sympathetischen Manne nicht einsehen,
möchte es nun freylich viele geben. Doch woher weiß denn
H. Z. daß dieses gegen alle Erfahrung sey? Hat er vielleicht selbst schon, aus seinem eigenen Leben, solch eine Handlung aufzuweisen, vor der keine, nicht einmal undeutliche Vorstellung des Vergnügens hergegangen? O möchte es ihm doch gefallen, uns dieselbe in seiner teutschen
Abhandlung, wenn sie anders, gegen alle Wünsche des
vernünftigen Publikums, zum Druke verhängt ist, zu erzählen!

C   Auf

Auf ebend. S. Nachdem er das Federsche Beyspiel noch einmal wiedergekäuet hat, sagt er, zum Beweise des vorigen Sazes: „ Ich sehe es, (das sinkende Kind) „ werde bewegt, laufe hinzu, rette es, meiner ganz „ vergessen; ich staune nachdem ob der Gefahr, der ich „ mich ausgesezt hatte, ich erkenne und bekenne, daß, „ wenn ich diese Gefahr vorher erkannt hätte, ich keines „ Weges dahin zu bringen gewesen seyn würde, diese edle, wohlthätige That zu vollziehen ".

Da H. Z. uns dieses Beyspielchen iezt zum dritten mal vorhält, ist es billig, daß auch wir einmal so gefällig werden, ihm eines zu erzählen. Es sey folgendes: Ein Patriot sieht das Vatterland plözlich in der äuffersten Gefahr, er wird bewegt, lauft hin, stürzt sich in die feindlichen Haufen u. s. w. seiner ganz vergessen. Was folgt aber nun daraus? Folgt es, daß er nicht aus Selbstliebe handle? Oder wähnt vielleicht H. Z. auch die Vaterlandsliebe entspringe nicht aus der Selbstliebe? Auch sie sey ein besonderer Urtrieb? Nein, soweit ist es doch mit ihm noch nicht gekommen. Er sieht also, oder kan wenigstens aus diesem Beyspiele sehen, daß ein Mensch, im Augenblike der That, gar wohl seiner uneingedenk, ganz ausser sich, und dennoch die That selbst aus der Selbstliebe entsprungen seyn könne, und daß solche plözliche Handlungen blos von der vorhergegangenen Stimmung der Selbstliebe abhangen; daß folglich

lich auch aus dem Federſchen Beyſpielchen für das Sy=
ſtem der Sympathie nichts folge.

Noch ein Beyſpiel: Ich ſehe einen mir ganz unbe=
kannten Menſchen; gleich beym erſten Anblike iſt mir der
Menſch zuwider, unausſtehlich, ich fühle eine Antipathie
gegen ihn, ich weiß nicht, warum? Kan mir's ſelbſt
nicht erklären, vielweniger andern. Folgt nun daraus,
daß auch die Antipathie ein Grundtrieb ſey? Gewiß nicht.
Nun —

Nicht jeder hat Antipathie gegen dieſen Menſchen! —
Nicht jeder bringt in die Feinde, das Vaterland zu ret=
ten. — Nicht jeder ſtürzt ſich ins Waſſer, das Kind zu
retten. Und das alles hängt ab — von der verſchiedenen
Stimmung der Selbſtliebe; da iſt das ganze Räthſel
aufgelößt!

Wir ſind in einem Schauſpiele, ſehen und hören die
Leiden eines unglüklich liebenden u. d. g. Wer von uns
fühlt die ſtärkſte Mitempfindung? Nicht wahr, der, der
ehemals in der nämlichen Lage geweſen, oder der, dem
jezt ſeine lebhaftere Einbildungskraft durch Verſezung in
die Lage des Leidenden, am ſtärkſten täuſchet. — Ein
Kind ſinkt ins Waſſer, wer ſtürzt ſich ihm nach, es zu
retten? H. Z. gewiß nicht, da ſeze ich mein Haab und
Gut zum Pfande, ungeachtet all des Geräuſches, das er
mit ſeinem Federſchen Beyſpielchen macht; und keiner

von allen den Großsprechern, die Diſſertationen über die Sympathie geſchrieben haben; ſondern der, der einmal ſelbſt in demſelbigen Unglük, oder in der Gefahr deſſelben geweſen, oder der, dem ſeine Einbildungskraft ſo täuſchet, und bey dem die Empfindung auf einen ſo hohen Grad der Lebhaftigkeit geſtiegen iſt, daß er ſich von dem Gegenſtande nicht mehr unterſcheidet; der in ſeinem Leben kein Syſtem von der Sympathie, keine damnatas Baji, kein theologiſches Gutachten oder d. g. geleſen, der ſtürzt ſich ins Waſſer, und rettet das Kind. Und die Doktorhüte? — bleiben ruhig 'am Ufer ſtehen, vergnügt, es, ihrer Meynung nach, demonſtrirt zu haben, die Sympathie ſey ein Grundtrieb.

Alles Folge von den verſchiedenen Stimmungen, Richtungen u. ſ. w. allein der Selbſtliebe! Alles mit ihr im genaueſten Zuſammenhange, der aber freylich oft für das Auge des Schuldoktors, der ſeine Sehkraft durch Bücherleſen abgenuzet hat, ſeine Sichtbarkeit verliert!

Der Stoiker verhält ſich ganz anders bey dem Anblike des Leidenden, als der Epikurer. Folge der verſchiedenen Stimmung der Selbſtliebe; und ſo durch die ganze Allheit menſchlicher Handlungen.

Unſerm theuern Manne wird's ohne zweifel Freude machen, wenn ich ihm einmal wieder eine Stelle aus ſeinem lieben Eberhardt, die zu näherer Aufklärung des

geſagten

gnügen dienen könnte, herseze; und diese Freude soll er
den Augenblik haben: „ Es kan schon genug seyn, sagt
„ H. Eberhardt, zu erkennen, daß es Empfindungen
„ giebt; die anderer Wohl unmittelbar, das unsere aber
„ mittelbar zum Gegenstande haben, und daß man die
„ ersten geselligen nennet, die auch ihre eigene besondere
„ Darstellung haben, (weil sie nemlich ihre eigene
„ Bewegungsgründe haben): Allein wie geht es zu, daß
„ wir uns selbst in den erstern mit dem Gegenstande
„ vermischen, und uns in andern zu vergnügen
„ glauben? Das läßt sich ganz natürlich aus der Na-
„ tur der Empfindungen erklären. So richtig wir unser
„ mittelbares Vergnügen, in der Ueberlegung, von dem
„ unmittelbaren Vergnügen ausser uns, unterscheiden: so
„ sehr wird beydes, in der Empfindung, in einander
„ geschmolzen, daß es sich nicht unterscheiden läßt. Aus
„ diesem Prämiß muß noch weiter folgen: daß, je stär-
„ ker eine Empfindung ist, desto weniger unterschei-
„ det sich die empfindende Substanz von der Ursache ih-
„ rer Empfindung. — Je grösser also die Stärke und
„ Lebhaftigkeit der geselligen oder moralischen Empfin-
„ dung ist, desto genauer ist die Verwechselung unserer
„ selbst mit den Gegenständen. (Scheint's Ihnen auch
„ so, mein theurer?) Die Verschmelzung unsers eigenen
„ Vergnügens mit dem ausser uns an andern zu würken-
„ den Vergnügen, weit entfernt, der menschlichen
„ Natur zum Vorwurfe zu gereichen, ist ihr die

„ gröste

„ gröste Ehre. Der größte Grad der Innigkeit dieser
„ Vermischung beweiset nichts, als den größten Grad
„ der Lebhaftigkeit der Empfindung fremden Wohls.
„ Heil dieser göttlichen Begeisterung! Heil jedem Her-
„ zen, das ihrer fähig ist! Man kan ferner aus diesem
„ Gesetze bestimmen, was die Empfindung sich als sub-
„ jektiv, und was sie sich als objektiv vorstelle. Ist
„ stärker die Empfindung einer Vollkommenheit, oder Un-
„ vollkommenheit ist, desto mehr stellt sich die Seele die-
„ selbe als subjektiv vor. — Dieses läßt sich immer
„ mehr bemerken, zu je grösserer Stärke und Lebhaftig-
„ keit der Zustand des Empfindens anwächst. Die Em-
„ pfindungen können so stark, und überwältigend werden,
„ daß in einem solchen Zustande die Denkungskraft ganz
„ vernichtet scheint. Die Macht einer, biß zur Leidenschaft
„ angewachsenen Empfindung scheint alsdann so unwider-
„ stehlich, daß man denken sollte, sie habe sich der gan-
„ zen Seele bemächtigt, und alle ihre andern Kräfte in
„ sich allein verschlungen." So redet H. Eberhardt.
und der H. von Irwing, dieser sorgfältige verdienteste
Beobachter des Menschen, nachdem er gezeigt hat, wie
die Einbildungskraft gewissen Dingen die Kraft zu rüh-
ren mittheile, die sie an sich nicht haben, wie sie unsere
Gefühle verstärke, und sich dadurch die Seele mehr in-
teressirt fühle, und wie denn durch dieses alles zusammen genommen die merkwürdige Eigenschaft der Empfindsamkeit entstehe, wie durch das Wachsthum der Ein-

bildungs-

bildungskraft, und die Verfeinerung der Phantasie, auch
die Empfindsamkeit mehr ausgedehnt und erweitert werde,
und wie endlich diese zu einer moralischen Empfindsamkeit werde, wenn die Einbildungskraft von dem Verstande
erleuchtet, und von der Vernunft zu gewissen Absichten ge-
leitet wird; nachdem er gezeigt, wie die Einbildungskraft
oft noch mächtiger auf die Gefühle würke, wie sie ihre
Ideen oft übertreibe, wie das Selbstgefühl anfange, nach
und nach Menschenliebe, Wohlthätigkeit und Freundschaft,
und dadurch die gesellschaftlichen Neigungen hervorzubringen, wie das Selbstgefühl nach und nach zwekmässig und
richtig werde, der Mensch seinen Werth kennen lerne, sich
über sich selbst erhebe, zu dem edelsten Verhalten, und
den großmüthigsten Handlungen; nachdem, sage ich, der
grosse Beobachtungsgeist dieß alles weitläuftig, deutlich gezeigt hat, sezt er hinzu: „ Er (der Mensch) thut das
„ durch (durch die großmüthige Handlungen) weiter
„ nichts anders, als daß er entweder die, um solcher Tha-
„ ten willen, mit rühmlichen Eigenschaften bekleidete
„ Idee seines künftigen Ichs, und den Vorschmak
„ des Nachruhms, oder aber den künftigen Genuß
„ aller der glüklichen Folgen, die er durch solche Tha-
„ ten seinem zukünftigen Selbstgefühl zuzuziehen haffet,
„ dem Genuß gegenwärtiger Vortheile, wovon sich
„ jene hohe Idee seines Ichs nicht erwarten läßt, würk-
„ sam vorziehet ‟. Und daraus erhellet die Richtigkeit
dessen, was Herder schreibt: „ Im Grade der Tiefe un-

„ sers

„ fers Selbstgefühls liegt auch der Grad des Mitgefühls
„ mit andern: Denn nur uns selbst können wir in an»
„ dere gleichsam hineinfühlen.

Aus dem nun gesagten zusammen genommen läßt sich
also, von dem, der's versteht, mehr als befriedigende Ant»
wort, auf die dem obigen beygesezte Frage des H. Z. geben:
„ Wo ist hier auch nur ein Schatten der so hoch ge»
„ priesenen Selbstliebe, welche wenn sie da gewesen wä»
„ re, die Handlung nie erfolgt seyn würde "?

S. 103. „ zudem muß man hier ja nicht ausser Acht
„ lassen, daß eben diese Selbstliebe in ein unmässiges Be»
„ streben, seinen eigenen Nuzen zu befördern, ausarten,
„ und so von ihrer Würde herabfallen würde, wenn sie die
„ einzige Triebfeder bey den Menschen wäre ".

Poztausend! das war ein derber Stoß! Wahrlich,
wenn derer noch mehrere kommen, dann adieu Parthie!

V.

Um endlich allem, was in seinen Kräften steht, aufzu»
bieten, meynt H. Z. „ er müsse sich auch noch auf das ge»
„ meine Menschengefühl berufen, mit welchem jedermann
„ einen so eigennüzigen Wohlthäter verachte "; — das ist
ein Kreuz mit dem Mann, daß er den Unterschied zwischen

Selbst»

Selbſtliebe und Eigennuz nicht behalten kan! — „ alle
„ Dankbarkeit würde daher auswandern, als auf welche
„ der keinen Anſpruch machen kan, der nicht den Nuzen
„ des andern, ſondern ſein eigenes Seelen= oder Leibes=
„ Vergnügen zum Beweggrunde ſeiner Handlungen hatte,
„ und dieſe gewiß unterlaſſen haben würde, wenn er ſich
„ jenes nicht verſprochen hätte ".

Elender Folgenzieher! — die Nichtigkeit des Zeugs er=
hellet zwar ſchon zur Genüge aus dem vorhergehenden; J
doch wollen wir noch eins und das andere hier anmerken.

a) Der Mann, der es eingeſehen, daß das edelſte,
reinſte Seelenvergnügen aus den wohlthätigen Handlungen
entſpringe, durch die man ſeine Mitmenſchen beglükt; und
nur dieſer erheiterten Einſicht zufolge, ſeine Selbſtliebe da=
hin ſtimmet, andern wohlzuthun, in der Abſicht, des
daraus quellenden Vergnügens theilhaftig zu werden,
und ſeine Seele an ſeinem durch ihn glüklichen Bruder
zu weiden, iſt der Mann verachtungswerth? — Verach=
tungswerth der edelſte der Sterblichen, das Ebenbild der
Gottheit? — Und doch handelt er aus Selbſtliebe. O
wenn doch alle Menſchen ſo aus Selbſtliebe handelten! wie
glüklich, wie überſchwenglich ſeelig wären wir alle!

b) „ Das gemeine Menſchengefühl verachtet den
„ Mann "? — O da ſieht man's nun wieder, was her=

aus=

auskommt, wenn man das Menschengefühl in Büchern
sucht! Man werfe doch nur einen beobachtenden Blik ins
gemeine Leben, und sehe, was da vorgeht. Wenn wir einem
Mann, der uns Wohlthaten erweiset, unsere Erkenntlich-
keit erzeigen wollen, und er uns dann antwortet: Es sey
ihm ein Vergnügen gewesen uns zu dienen, und dieß
Vergnügen seye die einzige Belohnung für ihn; und
wenn wir dann überzeugt sind, daß der Mann würklich
rede, wie er denkt; sagen Sie mir, was sagt hier das
Menschengefühl? Verachtung für den Mann? — Das
meinige spricht Ehrfurcht, Hochachtung, Dank. Und
welches Felsenherz müßte das nicht seyn, das nicht in heisse
Dankgefühle aufwallte für solch einen Edlen.

Der nicht um schnöden Lohn
Nein! göttlich liebt, wie du: Timoleon,
Nur um die edle Lust, ein Herz beglükt zu haben,
Belohnung beßrer Art, als reicher Bürger Gaben!

c) Hat der Mann, den ein besonderer Grundtrieb,
(wenn es einen solchen gäbe) die Sympathie, bestimm-
te, mir eine Wohlthat zu erzeigen, mehr Verdienst um mich,
und folglich mehr Anspruch auf meine Achtung und Dankbarkeit, als der, der seine Selbstliebe dahin gestimmet
hat, mir diese Wohlthat, um des ihm daraus entsprin-
genden Vergnügens willen, zu erweisen? Hat der erstere
mehr Anspruch, mein theurer H. Z.? und warum? —
Diese

Diese Fragen beantworten Sie mir, und alsdann wollen wir uns weiter darüber besprechen: denn ich muß gestehen, ich habe Ihnen in Betreff dieses noch sehr, sehr viel
zu sagen.

Das erbärmliche Mischmasch, das auf der a. S. noch
folgt, zerfällt man von selbst; wir wollen uns also dabey
nicht aufhalten.

VI.

S. 104. „Wenn aber H. Wiehel seinen Saz so ver-
„ steht, als wenn die Selbstliebe das einzige Grundge-
„ sez, oder die einzige Norm wäre, nach der der Mensch
„ seine (freye) Handlungen einrichten müsse, so ist der-
„ selbe noch mehr falsch, und stürzet das Naturrecht, mit der
„ göttlichen Offenbarung, größtentheils übern Haufen"

Noch mehr falsch? Das wäre arg. Im ersten Sinne,
war er schon durch und durch falsch (Falsissime); und da
hätte man sich denn etwas noch ärgers nicht leicht vorge-
stellt. Aber, ich meyne, H. Zimmermann kan's einem
begreiflich machen. „Stürzet Naturrecht und Offenba-
„ rung übern Haufen "? Gott sey tausend und tausendmal Dank dafür gesagt, daß mein Naturrecht, und meine
Offenbarung auf so schwachen Stüzen nicht steht! — Und
sollte denn würklich der Saz (gesezt daß er wahr wäre)

das

das Zimmermännische Naturrecht und seine Religion umstürzen? — Wahrlich, dann dauerte mich der Mensch. Zu seiner Belehrung und vielleicht auch Beruhigung, wollen wir ihm doch eins und das andere, wenn er noch Sinn für so was haben sollte, anmerken, und zu bedenken geben.

a) Woraus entspringt das Wolffische Principium Iuris Naturalis: Perfice te statumque tuum &c. es auch H. Wedekind auf der Universität zu Heidelberg, als das erste angibt, ohne daß es bisher jemanden eingefallen wäre, ihm deßwegen einen Kezerprozeß anzuhängen, woraus, sage ich, entspringt dieses erste Grundgesez: Vervollkomme dich u. s. w. und was folgt daraus?

b) Freylich, wenn man die Selbstliebe, ohne genauere Bestimmung, als das erste Grundgesez angeben wollte; dann wäre die Norm zu schwankend; wenn man aber die wohlgeordnete, d. i. eine, den gemeinschaftlichen Gesezen unserer Vollkommenheit gemässe Selbstliebe, zum ersten Grundgeseze macht, ich will sagen, wenn man, wie H. Wiehrl in seinen Säzen durchaus gethan hat, lehret, wie der Mensch diesen einzigen Grundtrieb richten und ordnen müsse, wenn er wahrhaft glüklich seyn, das heißt, Gott gefallen wolle; dann hat weder Naturrecht, noch Offenbarung, noch irgend ein redlicher Bekenner derselben etwas zu fürchten.

Recht thun und edel seyn und gut
Ist mehr als Gold und Ehr:
Da hat man immer guten Muth,
Und Freuden um sich her,
Und man ist stolz und mit sich eins,
Scheut kein Geschöpf und fürchtet keins.

∗

Glükselig ist ein Herz, das Eitelkeit verlacht;
Es kennet seinen Werth, ohn' ihn zu hoch zu schäzen:
Es weiß, was ihm gebricht, und sucht es zu ersezen,
Gelassen bey dem Glük, im Unfall unverzagt;
Wo Hochmuth oder Gram die niedern Seelen plagt.

∗

Ein rein Gewissen ist der beste Trost im Leiden.

∗

Durch Tugend müssen wir des Lebens würdig werden,
Und, ohne Tugend, ist kein dauernd Glük auf Erden.

Rechtschaffenheit, Edelmuth, und Güte des Herzens, Tugend, die einzige Quelle wahrer, inniger, dau-
ernder Seelenruhe und Freudigkeit, mehr schäzen, als
Gold und Ehre: Verachtung des Blendwerks, der Eitelkeit,

keit, Selbstkäntniß, Demuth, Streben nach Vollkommenheit; Gelassenheit im Glüke, standhafter, unverzag-
ter Muth im Unglüke, Sorge für ein reines Gewissen,
sind also — Gebote der Selbstliebe, Gebote der Religion.

Der wahren Ehre Grund ruht auf Vollkommenheiten,
Herr seiner Meynung seyn, der Menschen Glük bereiten,
Beleidigern verzeih'n, das ist ein wahrer Ruhm!

*

O wie beglükt ist der, auf dessen reine Schäze
Nicht Fluch, noch Schande fällt, noch Vorwurf der
                                        Gesäze,
Der aus dem Ueberfluß, den er mit Recht besizt,
Der armen Blöße dekt, und ihre Häusser stäzt,
Und mit gewohnter Hand des Kummers Wunden heilet!

*

Die Lust an aller Wohl beseelet, was er thut,
Es ist sein Eigenthum, ein allgemeines Gut.

Die armselige Weltehre für das halten, was sie ist,
und nur nach wahrer, auf Vollkommenheit gegründeter Ehre streben, Unbilden verzeihen, zeitliche Güter nur auf
rechtmäßige Art erwerben, und mit dem Ueberfluße der

                                        rechts

rechtmäßig erworbenen Güter den nothleidenden Bruder unterstüzen — Gebote der Selbstliebe, Gebote der Religion.

Liebst du gesunden Leib, so folg in Trank und Speise,
Nicht blos der Sinne Reiz, nach dummer Thiere
Weise:
Ein mässiger Genuß ist der Natur Gebot.

Mäßigkeit, und Nüchternheit — Gebote der Selbstliebe, Gebote der Religion.

Wie seelig ist die Zeit, darin man mit ihm (mit Gott)
spricht!
Es brennt des Beters Herz; die Erde reizt ihn nicht,
Da er den Himmel sieht. Ein Strohm von Seeligkeiten
Ergießt sich über ihn: und die Vollkommenheiten,
Die der entzükte Geist, in Gott versenkt, entdekt,
Gebähren süßre Lust, als jeder Weltmensch schmekt.

Anbetung Gottes — Gebot des Naturrechts, und der Offenbarung, Gebot — und Folge der Selbstliebe.

Sieh,

Sieh, lieber Leſer! dieſe Selbſtliebe, die erhabene, eifrige, immerfort predigende Tugendlehrerin nennen dieſe — Menſchen: juris naturæ & revelationis divinæ maximam partem eversiva! verſchreyen ſie als eine Quelle dieſer und jener, ich weiß nicht was für, gräßlicher Folgen. Ey! ordne doch jeder Menſch in der Welt ſeine Selbſtliebe nur zu ſeinem wahren Glüke, ſo iſt die ganze Welt glüklich, kein Menſch unglüklich. — Doch, wie können wohl Leute, die ihre Religion nicht kennen, als aus dem Katechismus, den man ihnen in der Jugend ins Gedächtnis gebläuet, und aus einer mit Unſinn von aller Gattung durchwürkten, ſcholaſtiſirten Dogmatik, anders denken, urtheilen und ſchreiben? —

Es iſt zeit, daß wir unſern Eberhardt wieder einmal ſpechen laſſen. — In den Anmerkungen zu dem 167. §. ſeiner Sittenlehre ſagt er:

1) „ Wenn wir zur Selbſtliebe verbunden ſind, (§. „ 166.) und wenn dieſe die Quelle aller übrigen ab„ geleiteten Verbindlichkeit iſt, indem ſie unmittelbar „ aus dem erſten ſittlichen Grundſaze fließt; (§. 44. 45.) „ ſo kan man ohne Bedenken ſagen: daß die Selbſtliebe „ die Quelle der Sittlichkeit aller menſchlichen Hand„ lungen ſey „.

2) „ Die Bedenken getragen haben, dieſes zu ſagen, „ haben ohne Zweifel beſorgt, daß man die Selbſtliebe „ mit dem Eigennuze, oder der Selbſtſucht vermengen,

und

„ und nur eine einseitige Vollkommenheit, oder eine solche
„ suchen möchte, die nur durch die besondern Geseze der
„ Vollkommenheit einiger Vermögen des Menschen be-
„ stimmt wird “.

3) „ Dieses geschieht am gewöhnlichsten, wenn wir
„ uns a) gegen edlere Bewegungsgründe (§. 56. Anmerk. 2.)
„ durch die weniger edlen bestimmen lassen, — b) insbe-
„ sondere gegen die edlern Bewegungsgründe, zu den ge-
„ selligen Pflichten. Da wir uns durch die gesetzligen
„ Handlungen, als Mittel, vollkommener machen, (§. 45.
„ Anmerk. 1. 2. §. 46.) so müssen unsere Handlungen,
„ wenn sie nicht blos besondern, sondern gemeinschaftli-
„ chen Gesezen der Vollkommenheit gemäß seyn sollen,
„ auch durch die Vollkommenheit anderer bestimmt wer-
„ den “.

4) „ Die wohlgeordnete Selbstliebe ist also auch
„ die Quelle der Verbindlichkeit zu gesetzligen Handlungen.
„ Die Triebfeder dieser Handlungen ist das gesellige Ver-
„ gnügen, (12) welches bey einem wohlwollenden Her-
„ zen so stark seyn kan, daß einige daher Gelegenheit ge-
„ nommen haben, diese Triebfedern eigennüzig zu nen-
„ nen u. f. w. — Jezt wird unser theurer Mann bald mer-
ken, wie sehr er den guten Eberhardt mißhandelt
habe, da er ihn aus grober Unwissenheit zu seiner Parthey
zog. Nun wieder eingelenkt!

D   A. a.

A. a. S. „ denn wenn die Selbſtliebe die einzige „ Richtſchnur unſerer Handlungen iſt; ſo haben alle Ge- „ bote, die ihr zuwiderlaufen keine Verbindlichkeit, ja, „ es wird Sünde ſeyn, ſo ein Gebot zu befolgen ".

Ganz richtig. Denn woher, ums Himmels willen! ſoll ein Gebot, das gegen die Selbſtliebe ſtrebt, ſeine Ver- bindlichkeit haben? Weiß denn H. Z. auch, was Verbind- lichkeit iſt? wie, und wodurch ſie entſtehe? — In dem ganzen Naturrechte, und in der ganzen Offenbarung iſt aber auch kein Gebot, kein Wort, das mit der Selbſtlie- be ſtreitet, ſondern alles und jedes iſt dahin gerichtet, die Selbſtliebe wohl zu ordnen, ſie zu unſerm wahren dauernden, ewigen Glüke zu lenken. Wer nur drey Zeilen in dem Evangelium, oder in den Briefen der Apoſtel geleſen und verſtanden hat, der muß dieſe ewige, un- wandelbare Grundwahrheit mit Händen greifen. Ich wer- de in der Antwort auf die Zimmermänniſche teutſche Abhandlung, dieſes, daß nämlich der Grundſaz: Die Selbſtliebe iſt der einzige urſprüngliche Grundtrieb des Menſchen, in dem ganzen Evangelinm zum Grunde liege, ausführlich beweiſen; wo ich denn auch alles an- dere, was ich hier in der Eil nur hinwerfen muß, ge- nauer und richtiger beſtimmen, und deutlicher aus einan- der wikeln werde.

„ En

„ En quo ducat, alios fine prævio examine deſcri-
„ bendi (wir haben aber geſehen, daß der gute Mann
träumet, H. Wiehrl habe ſeine Säze aus irgend einem
Buche ausgeſchrieben) „ cacoëthes, certe ſi unquam
„ in doctrinis moralibus quam maxime verum eſt il-
„ lud Poëtæ: *ſtultus is eſt merito, cui nova ſola pla-*
„ *cent.* Multa criſi opus eſt, usque dum pro vero a-
„ liquid ſtatuatur: ſedulo prius diſpiciendum, num ba-
„ ſis ipſa omnis doctrinæ moralis *revelatio* non vio-
„ letur, labefactetur „ &c. Meynt man nicht, der
Mann habe Sich eine Satyre ſchreiben wollen?

„ Der (Wiehrliſche) Saz iſt alſo falſch, in wel-
„ chem Sinne man ihn auch nehmen mag, er iſt falſch

a) „ aus den Grundſäzen des H. Seders, deſſen Buch
„ H. Wiehrl vorgeleſen hat „. — Das hieße etwas,
wenn das Sederſche Lehrbuch ein Evangelium wäre.
Wenn es aber nur ein Lehrbuch iſt und bleibt; und man
denn das, was wir oben hierüber geſagt haben, noch dazu
nimmt, ſo erkennet man leicht, was das für ein albernes
Geſchwäz ſey.

b) „ Aus der immerwährenden (continua) Erfahrung „. — O lieber Mann, führen Sie uns doch nur eine
ſolche Erfahrung an! Ich hoffe, in der verſpochenen Abhandlung werden Sie uns dieſe Geneigtheit erzeigen.

D 2

c)

c) „ Wegen der sehr schlimmen Folgen " — O Nein! nichts zu fürchten; es sind nur Windmühlen.   Vid. Don Quixot.

Wodurch also H. Z. den Wiehrlischen Grundsaz bestreitet, oder bestritten zu haben glaubt, sind a) die Authorität des H. Feders. b) Die Erfahrung. c) Die bösen Folgen; allein

ad a) H. Feder vertheidigt die Sympathie gar nicht als einen Mitgrundtrieb, sondern sagt nur, die Sache sey noch nicht ausgemacht genug. — Und wenn H. Feder das auch vertheidigte, was wäre es dann? — Ist denn H. Feder ein Orakel? ad b) Diese Erfahrung hat H. Z. noch nicht beygebracht: er bleibt sie also schuldig. ad c) Die verderblichen Folgen der Selbstsucht und des Eigennuzes, hat freylich die Welt von jeher empfunden; aber die bösen Folgen, die aus dem Saze: Die Selbstliebe ist der einzige ursprüngliche Grundtrieb des Menschen, folgen sollen, sind blose Zimmermännische Hirngespenster, Windmühlen. — Wenigstens hat H. Z. nicht eine solche Folge bewiesen.   Folglich ist alles, was er bißher geschwäzt hat, ein bloses — Nichts; Gewäsch über eine Sache, die er nicht versteht. Natürliche Folge einer blinden Selbstsucht!

VI·

VI.

Wir sind also jezt an dem andern Babenschen Saz: Aus vernünftigen Begriffen von Gott u. s. w. Wenn der erste Wiehrlische Saz wahr ist, so folgt es von selbst, daß auch dieser zweyte, als unmittelbare Folge desselben, wahr seyn müsse. Wir wollen uns also in dem ffolgenden ganz kurz fassen.

„ Denn, sagt H. Z. S. 105. daß dieser Saz grund-
„ falsch sey, weiß auch der Tyro, der nur die ersten
„ Gründe der Ontologie und Natürlichen Theologie inne
„ hat “.

Das wäre! — Aber solche rüstige Krafttyronen kan es doch wohl nur zu Heidelberg geben, auf — der — ho-hen — Schule! — ha ha ha! Armer Wiehrl, mußt du dich denn gar von einem Schulknaben zurecht weisen las-sen! — Wie diese Schulknaben das Ding machen?.— Das will ich dir sagen, lieber Leser! Sie fabrziren sich eine Definitiönchen, sezen ein Atqui und Ergo dazu, und damit ist's fertig, und heißt: Q. E. D. Oder — sie ver-werffen alles, was mit ihren Schulbegriffen nicht überein-stimmt; jezt, Atqui der Wiehrlische Saz stimmt mit ih-ren Schulbegriffen nicht überein; Ergo nichts natürlicher, als daß er grundfalsch ist — O Sokrates! — Uebrigens

D 3   aber

aber kennen wir ja die Leutchen, die ſo gerne zu ihren Tyronen greifen.

Nun gibt H. Z. eine, in dem, wie er glaubt, gemeinen
Menſchenſinne gegründete Definition von Gott, (welche
ob ſie gut oder nicht gut ſey, thut hier nichts zur Sache)
und ſezt hinzu: „ Dieſe Definition vorausgeſezt, ſehe ich
„ gar nicht, wie Ehrfurcht, Liebe und Anbetung Got=
tes die unmittelbarſte Folgen der Selbſtliebe ſeyn können ".

Wohl! das glauben wir dem theuern Mann gar herzlich gerne. Wer aber hat's denn je von ihm gefordert, daß
er das ſehen ſoll?

Nach einigen Schuldefinitionen von Ehrfurcht und
Liebe heißt es S. 106. „ Quoniam cum Philoſopho
„ catholico mihi res eſt, ſo könnte ich mit der theologi=
„ ſchen Fakultät zu Heidelberg aus der damnata bajana
„ 36ta als gewiß præſupponiren, daß auch die natürliche
„ Liebe des Wohlwollens gegen Gott, aus den Kräften der
„ Natur möglich ſey, allein, da auch andere dieſe Blätt=
„ chen leſen werden, haud abs re futurum eſſe arbitror,
„ ſi veritas hæc ex ipſis philoſophiæ principiis eruta
„ clariore in luce collocetur ".

„ Autoritatibus enim ſi pugnare mens eſſet, ſo hät=
„ te ich alle Katholiken auf meiner Seite, ja ſogar einen
„ Juden ".

Das

Das heiße ich nun Großmuth! — Doch um das
Federsche Lehrbuch niemal, wie er weislich hinzusezet,
aus den Augen zu lassen, bringt er uns noch eine Stelle
aus demselben, um auch die Falschheit des andern Wiehrlischen Sazes aus dem Autore scholastico zu beweisen.
„ Die Liebe zu Gott, sagt H. Feder, ist uneigennüzig;
„ indem derjenige, der Gott rechtschaffen liebt, ohne
„ weitere Absicht ihn liebt, weil er ihn lieben muß, um
„ seiner Güte willen; kein Verdienst aus seiner Liebe sich
„ machet, noch vielweniger die Grade derselben abmisset,
„ nach dem Werthe der Güter, die er von Gott empfan-
„ gen zu haben glaubt, oder noch zu erhalten hoffet „.

Die Liebe gegen einen Freund kan uneigennüzig seyn.
Folgt aber daraus, daß sie, weil sie uneigennüzig ist, nicht
aus der Selbstliebe entsprungen, nicht unmittelbare Folge
derselben sey? Gewiß nicht! Es müßte denn nach der Hei-
delberger Schullogik so folgen. Und eben so wenig folgt aus
dem Saze: Die rechtschaffene Liebe gegen Gott ist
uneigennüzig, daß sie nicht unmittelbare Folge der Selbstliebe sey.

Um dieses einzusehen, braucht es weiter nichts, als die
Ausdrüke zu verstehen. Wenn es aber bey unserm Philosophen einerley ist: Sich ein Verdienst aus seiner Liebe
gegen Gott machen; die Grade derselben nach dem
Werthe der Güter abmessen, die man von Gott em-

pfangen

pfangen zu haben glaubt, oder noch zu erhalten hof=
fet; und Gott lieben, weil man sich durch diese Liebe
über alles glüklich fühlt, sich bestreben, Gott immer
mehr und vollkommener zu lieben, um dadurch im=
mer glüklicher zu werden, folglich um seiner Glükselig=
keit willen; folglich aus Selbstliebe: — Wenn, sage ich,
dieses bey H. Z. einerley ist, so ist's mir auch recht. Mir
ist jede Liebe, die nicht aus der Selbstliebe entsprungen
wäre, weiter nichts, als eine Chimäre und der Saz: Die
Liebe zu Gott ist nicht Folge der Selbstliebe, gehört
bey mir unter die damnandas.

Izt kommen wir endlich an ten von H. Z. nicht ver=
standenen, ja nicht einmal gelesenen, so grob mißhandelten
Eberhardt, — H. Eberhardt sagt §. 138. seiner Sit=
tenlehre: „ Zu dem innern Dienste Gottes gehöret auch
„ die zärtliche Liebe (dilectio Dei) zu Gott, oder das
„ Bestreben, Gott aus Liebe allein zu gefallen „.

Hundert Dukaten stehen dem zum Preise, der mir aus
diesen Worten des H. E. den Folgesaz herausbringt: Ergo
glaubt H. E. die Liebe zu Gott sey nicht unmittelba=
re Folge der Selbstliebe.

Eben das gilt auch von der Anmerk. I. zu dem a. §.
die H. Z. zu Erhärtung der angeführten Stelle mitabge=
schrieben. Die Anmerkung heißt: „ In einigen Sprachen,
„ als

„ als in der teutschen, wird das Wort lieben nur in der
„ eingeschränktern und edlern Bedeutung, für die Empfin-
„ dung der Vollkommenheit, in dem Gegenstande selbst,
„ gebraucht, und diese edlere Liebe äußert sich, wenn der
„ Gegenstand ein endliches Wesen ist, durch das Bestre-
„ ben, diese Vollkommenheit zu vermehren; und wenn er
„ das unendliche Wesen ist, durch das Bestreben, ihm zu
„ gefallen, also durch Beobachtung des Naturgese-
„ zes, seinem Willen gemäß zu leben ".

H. E. sagt also, die edlere Liebe zu Gott äußere sich
durch das Bestreben, ihm zu gefallen, also durch Beobachtung des Naturgesezes, seinem Willen gemäß zu
leben; und H. Z. glaubt, dieses sey soviel gesagt, als:
Diese edlere Liebe zu Gott sey nicht Folge der Selbstliebe.

Ist's denn möglich? — Professor Philosophiæ publi-
cus & ordinarius, Doctor — und ein so ganz kopfloser
Idiot !!! O ja lieber Leser! Warum solte denn das nicht
möglich seyn? Hab nur Geduld, und höre weiter, es
kömmt noch besser. „ Sic viri, sagt H. Z. ganz im Tri-
„ umphe mit Feder und Eberhardt, Sic viri inter
„ D. D. protestantium principes numerandi, Philosophi
„ primi ordinis, Professores sentiunt, (Merke wohl Leser, Professores sentiunt) & hos thesista Professor nesciverit?
„ non legerit? repeto has quæstiones studio, concipe-

D 5 „ re

„ re enim nullatenus poſſum, queis inductus rationi-
„ bus " &c.

Es iſt zwar ein wenig grauſam, dem theuern Mann
ſeine Freude ſo ganz zu verderben, allein das magis
amica veritas muß doch auch noch etwas gelten, wenn
ſich ſchon ſo mancher Schurk darhinter verſtekt. Alſo
friſch weg. Wer Eberhardts Sittenlehre nur flüchtig
durchgeleſen, der wird gefunden haben, daß, nach die-
ſem Philoſophen, 1) die Selbſtliebe die Quelle aller
Verbindlichkeit des Menſchen ſey; daß 2) das Beſtreben,
Gott zu gefallen, oder ſeinem Willen gemäß zu leben,
nichts anders ſey, als das Beſtreben, ſich und ſeinen
Zuſtand vollkommener zu machen, das heißt, ſeine
wahre Glükſeligkeit zu befördern: denn das iſt der Wil-
le Gottes, daß wir glüklich ſeyn ſollen; und daß folglich 3) auch das Beſtreben, Gott zu gefallen, gerade
zu aus der Selbſtliebe entſpringe. Denn ſolange die
Welt ſteht, hat ſich noch keiner beſtrebt, Gott zu gefallen, als — weil er darin ſeine Glükſeligkeit ſuchte und
fand, folglich aus Selbſtliebe. Daß folglich 4) H.
Zimmermann den Eberhardt entweder gar nicht geleſen, oder nicht verſtanden habe. Er? — als Profeſſor?
philoſophiæ Doctor? — Er? — der großſprechende
Kezermacher? — Ja, Publikum, ſo iſt's: glaube aber
nicht mir, ſondern lies den Eberhardt ſelbſt; nur den
§. den H. Z. gegen H. Wiehrl zum Beweiſe an-
führt,

führt, und urtheile dann! — Doch weil mancher, der diese Blätter ließt, ihn nicht bey der Hand haben wird, so will ich zur Bestätigung meiner Aussagen nur ein paar Worte aus besagtem §. hersezen,

In der Anmerk. 2. zu dem a. §. sagt H. Eberhardt: „Die göttliche Liebe (amor Dei activus) entsteht aus „der Empfindung der Wohlthätigkeit Gottes. Wenn „wir aus den Wohlthaten Gottes erkennen, daß er gut „ist, und diese Erkänntniß ein Bewegungsgrund „der Liebe wird: so ist darum diese Liebe nicht „eigennüzig. Denn es ist wider die Natur „eines Geistes, einen Gegenstand ohne diesen Bewegungsgrund zu lieben ". So lehrt H. E. ebendas, was der Wiehrlische Saz sagt, mit ausdrük-lichen Worten, in eben dem §. aus dem H. Z. uns weis machen wolte, die Lehre dieses Weisen sey: Liebe zu Gott sey dem Menschen aus den Kräften der Natur möglich, ohne Rüksicht, oder Erkänntniß der Güte Gottes gegen uns. Oder klärer: Man könne Gott lieben, ohne durch die Wohlthätigkeit desselben, (Güte gegen uns, bonitatem Dei respectivam) dazu bewegt zu werden. O Zimmermann! Unglüklicher Korsar!! —

Sieh! Leser, das ist der Mann, der vor kurzem noch in seiner Schulmonarchenrüstung da stand, und in die Welt rief:

rief: Sic viri inter DD. proteſtantium principes numerandi, *Profeſſores* ſentiunt! *& hos theſiſta Profeſſor neſci-*
verit? non legerit? Das iſt der Mann, der S. 104. dem
guten Wichrl den Verweis gab: En quo ducat, alios
ſine prævio examine deſcribendi cacoëthes! — Der
Mann, der S. 105. uns mit ſeinen Tyronen zurecht
weiſen will! Der . . . Der . . . Der . . . Der . . . in
pelle Stattleri!

> O du armes Dintenfaß,
> Bleib zu Hauß' und lerne was!

„ Rationem ſcilicet, dum ego conſulo, aliter omni-
no ratiocinandum eſſe deprehendo ".

Jezt folgt der philoſophiſche Beweis, daß die Liebe
des Wohlwollens (amor benevolentiæ) gegen Gott auch
aus den Kräften der Natur möglich ſey. Der Beweis iſt
ſieben Seiten lang, geht aber dich, lieber Leſer, und mich
gar nicht an. — Doch, um deine Neugierde zu befrie-
digen, kan ich dir wohl mit ein paar Worten ſagen,
was es dann eigentlich iſt, oder ſeyn ſoll. Es iſt —
es iſt ein ſehr — ſehr gelehrtes, ganz ſchulgerechtes, auf
ganz allerliebſte Definitionen, aus einigen Schunken,
meiſtens aber aus Stattlers Ethica chriſtiana ſehr kunſt-
mäßig, in optima forma zuſammen geſtükeltes Schluß-
werk. — Nu Gott behüt! a wahres Maſterwerkchen!
würde mein Iſraelitiſcher Nachbar ganz entzükt ausrufen.

Was

Was herauskommt? — Was herauskommen soll,
das hast du oben schon gehört, und daß es auch wirklich herauskomme, das kanst du leicht denken. Denn
was solte ein philoſophiæ Doctor nicht herausbringen,
wenn er anfängt zu demonſtriren? Wie aber das Ding
herauskomme, das will ich dir ſagen.

Die Liebe des Wohlwollens definirt H. 3. S.
109. mit dem Stättler ſo: eſt adfectus jucundus de
bono accidentali *alterius*, cognito ut tali (wegen des
zufälligen Guten eines andern, welches man als ſolches
erkennet.) Und nachdem er auf den folgenden Seiten
noch allerhand ſchöne Sachen demonſtrirt hat, ſagt er
S. 112. „ Da es aber in Gott kein zufälliges Gut
„ gibt, ſo muß man ſich, um ihn mit der Liebe des
„ Wohlwollens lieben zu können, durch eine Erdich-
„ tung, ein zufälliges Gut in ihm denken “. Nun
folgen wieder viele ſehr ſcharffinnige, und ziemlich richtig
ausgeſchriebene Definitionen von *caritas, intentio, &c.*
und dann heißt es S. 114. am Ende: „ Ergo iſt die
„ reine Liebe des Wohlwollens gegen Gott ganz mög-
„ lich, und zwar aus den Kräften der Natur ꝛ. Sieh,
ſo kommt's heraus — jo triumphe!

Uebrigens muß ich hier doch, um aller Zweydeutig-
keit auf möglichſte vorzubeugen, noch erinnern, daß 1)
da

da H. Z. vor dem Anfange feiner Demonſtration ſagt:
„ Wenn ich die Vernunft zu Rathe ziehe u. ſ. w. “ dieſes
nur von ſeiner Doktorsvernunſt zu verſtehen ſey; daß,
wenn 2) ungeachtet der ganzen Stärke des Zimmermän-
niſchen Kraftbeweiſes, H. Wiehrl, oder ſeiner Vertheidiger einer, doch noch einwenden, und fragen ſolten:
Ob denn nicht eben dieſe poſierliche Erdichtung,
und das Beſtreben, durch dieſe Erdichtung eines
zufälligen Gutes in Gott, ihn mit der Liebe des
Wohlwollens lieben zu können, nicht aus der
Selbſtliebe entſpringe? oder nur möglich ſey, ohne
aus der Selbſtliebe zu entſpringen? daß, ſage ich,
wenn einer ſo was fragen, und vielleicht noch gar oben
drein von H. Z. verlangen ſolte, dieſes zu beweiſen,
H. Z. ſehr weislich handle, wenn er ihn gar nicht an-
höret, ſondern ſo einen impertinenten Menſchen, wie
ſich's dann de jure gebührt, als einen pertinacem be-
handelt, und ſeiner Verſtokung überläßt; daß 3) wenn
einer, wie mir neulich ein gewiſſer vermeyntlicher Sokra-
tiker kam, ſo unverſchämt ſeyn ſolte, zu ſagen, der ganze Beweis ſey weiter nichts, als ein großmächtiges ope-
roſum Stattlerianum ſophisma; H. Z. ihm ganz herzhaft
antworten könne: Wenn das wahr wäre, dann wäre
meine ganze Philoſophie ein Sophisma, ſed conſequens
eſt falſiſſimum; ergo & antecedens; daß 4) wenn einer
oder der andere von den delikaten Vernunftpatronen dieſe Erdichtung eines zufälligen Gutes in Gott lächer-

lich

lich und abgeschmakt finden solte, H. Z. ihm gerade zu
unter die Nase sagen könne: a) Er müsse den Stattler
nicht gelesen haben, b) müsse nicht wissen, daß es
Pflicht sey, seinem Autor getreu zu bleiben, könne es
aber aus dem lernen, was Er gegen H. Wiehrl über
diesen Punkt geschrieben habe, c) diese Erdichtung sey
durchaus nöthig, und wer das Gegentheil behaupte, verstehe es nicht. Denn (könnte er zum Ueberfluß hinzu-
sezen) es ist durchaus nothwendig, daß man die Möglichkeit der Liebe des Wohlwollens gegen Gott de-
monstrire, weil das Gegentheil unkatholisch sey; atqui
man kan diese Möglichkeit ohne Beyhülfe dieser Erdichtung nicht bemonstriren; ergo ist sie durchaus nothwendig; subsumo: atqui was nothwendig ist, ist nicht
lächerlich; ergo. daß 5) endlich aus diesem Zimmermännischen Capitalbeweise es ganz evident werde, daß
die Lehre des Joh. August Eberhardts: Alle Liebe
zu Gott entstehe aus der Empfindung der Wohlthätigkeit Gottes, und es sey wider die Natur
eines Geistes, einen Gegenstand ohne diesen Bewegungsgrund zu lieben, grundfalsch sey. Und so
lassen sich noch hundert schöne Corollaria fabriziren, die
ich der christkatholischen Philosophie eines jeden Lesers
überlasse.

VII.

VII.

Wir wären also nun endlich, und des bin ich in der That recht herzlich froh, mit der Musterung des Zimmermännischen Unsinns zu Ende. Es ist demnach weiter nichts übrig, als dir, lieber Leser, die pathetische Ermahnungsrede, die H. Z. zum Beschlusse seinem Gegner, in Betreff seiner Irrlehre predigt, herzusezen. Ich thue dieses deßwegen, weil sie nicht nur für den irrgläubigen Wiehrl lehrreich ist, sondern auch für jede noch gutgesinnte katholische Seele erbaulich seyn kan. Doch werde ich, wo ich's zum richtigern Verstande des Sinnes hin und wieder nöthig finden werde, einiges von dem meinigen per modum parentheseos einschieben.

„ En igitur, Professor Philosophe, so hättest auch
„ du philosophiren müssen, dum theses tuas conscribe-
„ res, und du hättest ja auch ohne alle Beschwerniß so
„ philosophiren können. (Denn was ist leichter, als diese meine Art? Nur den Stattler bey die Hand ge-
legt, gesunde und gelenke Finger, Dummheit im Hirn,
Unverschämtheit auf der Stirne, und das Ding geht un-
vergleichlich, und man bleibt doch gut katholisch dabey.)

„ Wenn du nur lieber katholische Schriftsteller hät-
„ test bey der Hand haben wollen, als andere ". (Nämlich

lich wie Ich es mache, wenn ich eine Differtation schreiben will, woran ich denn, ohne Ruhm zu melden —
denn Ruhmsucht ist nun einmal mein Fehler gar nicht —
ganz aufferordentlich fruchtbar bin. Sieh, ich will
dir — Clericus Clerico — aus meiner Methode
gar kein Geheimniß machen. Ich mache das Ding so:
wenn mich mein Schreibschuß anwandelt, so gehe ich
ohne weitere Umstände, gerade zu her, schlage den
Stattler auf, und noch ein paar andere katholische
Scharteken, suche im Index die Materien, die mir in
meinen Kram dienen, schreibe dann bald aus diesem,
bald aus jenem einen Lappen, kümmere mich dabey
wenig um Ordnung, Zusammenhang, Richtigkeit, Be-
stimmtheit, Zwekmäsigkeit u. s. w. und wenn ich dann von
dem zusammengestükelten Flikwerk so viel Blätter voll habe, als ich wünsche, dann nenne ich's Diſſertatio, seze
meinen Namen, mit meinen Titeln dazu, und laſſe es
druken, und bleibe dabey, quod caput rei eſt, ein
ehrlicher Katholik.

„ Immo ſi DD. proteſtantium primi ſubſellii philo-
„ ſophos, eorumque rationes inſpicere ac ponderare
altius maluiſſes “ (wie ich oben bey dem Eberhardt
gethan habe; wiewohl ich übrigens gestehen muß, daß
das rationes inſpicere, und beſonders das *altius* ponderare meine Sache gar nicht iſt. Es hält zu lang

auf, und gibt nicht viel aufs Papier; und eben darum
gefällt mir auch vorzüglich meine vorhin angezeigte Methode um vieles beſſer) „ concluſiſſes, non omnia ho-
„ minis officia ex dépraedicata *philautia* deduci “ (denn
alle die orthodoxen Leute, die in ihrem Leben noch keine Sekunde auf das gefährliche, ganz unkatholiſche Stu-
dium des menſchlichen Herzens verwendet haben, und
folglich wegen des Kezerſinnes ganz unverdächtig ſind,
ſchlieſſen auch ſo; *cóncludunt etiam ſic*) „ ſtatuiſſes po-
„ tiús pro ſtimulo & motivo primitivo omnium ad-
„ petitionum & averſationum humanarum *amorem com-*
„ *placentiae* de bono abſoluto, habente *rationem finis*
„ *ultimi &c.* (denn ſo hat's Stattler mit klaren Worten, aus dem ich's, wie alle meine übrige Schmiere-
reyen ganz ſorgfältig abgeſchrieben habe, nur mit einiger Veränderung des Lateiniſchen. Und wenn man ſich
einmal ſo ganz an den Stattler hält, ſo fällt auch die
Frage weg: Ob denn der *amor complacentiae* nicht
aus der Selbſtliebe entſpringe? und dergleichen.) „ Sie
„ vidiſſes, obſervaſſes, ſtatuiſſes, adſumpſiſſes philoſo-
„ phice, catholice: Sic vigilantiſſimo tuo Antiſtiti, Re-
„ verendiſſimo ac Celſiſſimo Principi ac Epiſcopo Spi-
„ renſi eam, quam in Ordinatione tua pollicitus es,
„ obedientiam ſincerius praeſtitiſſes: Sic Eccleſiae Ro-
„ mano Catholicae, ac ſpeciatim S. S. oecumenici Con-
„ cilii Tridentini decretis fidelius inhaeſiſſes “. (Ich
lege

lege meine Hand auf den Mund, und schweige vor
Gottes Gesalbten.)

„ Sic facrarum & aliarum celeberrimarum Univer-
„ fitatum, Facultatum Doctoribus, rerum alioquin bene
„ multarum negotio detentis, non adjeciſſes novum.
„ Quæ ut præſtes in poſterum, id unice in votis ha-
„ beo, & Clericum Clericus rogo.

Aber — könnte H. Wiehrl hier einwenden, wenn's
ihm der Mühe werth ſchiene, gegen einen ſo elenden
Schmierer, als du, mein lieber Zimmermann biſt, etwas einzuwenden. — Der Erlauchte Stadthalter zu Erfurt iſt doch auch ein guter Katholik, wenigſtens hat
ihm dieſes bißher noch niemand ſtreitig gemacht, und
doch trägt er kein Bedenken, den Wiehrliſchen Lehrſaz,
als eine ganz ausgemachte Sache vorauszuſezen. Denn
in ſeinen Betracht. über das *Univerſum* S. 127. 2.
Aufl. ſagt er's gerade heraus: Die Begierde glükſe-
lig zu ſeyn (Selbſtliebe) iſt ja die einzige Triebfeder aller menſchlichen Handlungen. Zimmermann!!!

Ohe! jam ſatis eſt.

www.ingramcontent.com/pod-product-compliance
Lightning Source LLC
Chambersburg PA
CBHW030716110426

42739CB00030B/657